Inhalt

Veräußerungsgewinne

Kernthesen

Beitrag

Fallbeispiele

Weiterführende Literatur

Impressum

Veräußerungsgewinne

I. Zeilhofer-Ficker

Kernthesen

- Privatpersonen versteuern Gewinne aus Wertpapierverkäufen und Immobilien innerhalb der jeweiligen Spekulationsfrist im Rahmen der Einkommensteuer. (1)
- Wenn Kapitalgesellschaften durch Veräußerungen von Anteilen Gewinne erzielen, sind diese seit dem 1. Januar 2002 körperschaftssteuerfrei. (2)
- Veräußerungsgewinne von Personengesellschaften werden nach dem Halbeinkünfteverfahren besteuert. (2)

Beitrag

Zum 1. Januar 2002 ist eine neue Steuergesetzgebung

in Kraft getreten, die die Besteuerung von Veräußerungsgewinnen neu regelt. Dabei ist zu unterscheiden, ob die Veräußerungsgewinne von Privatpersonen, Kapitalgesellschaften oder Personengesellschaften erzielt werden. (3)

Veräußerungsgewinne von Privatpersonen

In den vergangenen Jahren hat sich die Gesetzgebung hinsichtlich der Besteuerung von Veräußerungsgewinnen von Privatpersonen mehrfach geändert. Grundsätzlich gilt, dass Veräußerungsgewinne von Privatpersonen steuerfrei sind. Wenn zwischen An- und Verkauf gewisse Spekulationsfristen unterschritten werden, gelten die speziellen Regelungen für Spekulationsgeschäfte. (1), (6)

Betrug die Spekulationsfrist für Grundstücke und vermietete Immobilien bis 1999 2 Jahre, so hat sie sich mittlerweile auf 10 Jahre verfünffacht. Bei Wertpapiergeschäften waren bis 1998 Gewinne einkommensteuerpflichtig, wenn zwischen Kauf und Verkauf der Papiere weniger als 6 Monate lagen und der Gewinn mindestens 1.000 DM betrug. Seit 1999 gilt eine Spekulationsfrist von einem Jahr,

Spekulationsgewinne bis zu einem Betrag von 512 Euro sind steuerfrei. Ab 513 Euro ist aber der gesamte Gewinn zu versteuern. Dafür können Spekulationsverluste mit früheren oder späteren Spekulationsgewinnen verrechnet werden. (1), (4), (5),

Seit dem 1. Januar 2002 gilt für Spekulationsgewinne nun das Halbeinkünfteverfahren, d. h. von dem Kursgewinn, den ein privater Anleger aus dem Verkauf von Wertpapieren erzielt, muss nur noch die Hälfte versteuert werden, sofern der Freibetrag von 1.550 Euro übertroffen wird. Allerdings werden auch Spekulationsverluste nur noch zu 50 Prozent anerkannt. Einzeln nachgewiesene Werbungskosten können auch nur noch zur Hälfte angesetzt werden, allerdings bleibt die Werbungskostenpauschale von 51 Euro voll erhalten. Für ausländische Aktien gilt dieses Verfahren schon seit 2001. (5)

Ist die Praxis verfassungsgemäß?

Wer in der Vergangenheit Spekulationsgewinne in seiner Einkommensteuererklärung nicht angab, musste kaum damit rechnen, dass die Finanzämter seinen Betrug bemerkten. So stellte der Bundesrechnungshof im Frühjahr 2002 in einem Bericht an den Bundestag fest, dass "die Finanzämter den Angaben der Steuerpflichtigen weit überwiegend ohne erkennbare Prüfung" folgen würden. Der Bundesrechnungshof ist deshalb der Ansicht, die unzureichenden Kontrollen durch die Finanzverwaltung sind "strukturelle Mängel des Erhebungsverfahrens". Er schlägt stattdessen eine "maßvolle Abzugsteuer" nach österreichischem Vorbild vor. Eine Alternative wäre auch die Einführung eines Kontrollmitteilungsverfahrens nach dem Muster der Quellensteuer für Kapitalerträge, wie es z. B. in den USA praktiziert wird. (6), (7)

Seit der De-facto-Abschaffung der Vermögenssteuer fehlt den Finanzverwaltungen die Informationsgrundlage über Wertpapierbesitz in privaten Händen. Da es bislang dem Steuerpflichtigen überlassen ist, ob und in welcher Höhe er Veräußerungsgewinne angibt, sei der Verfassungsgrundsatz der Gleichmäßigkeit der Besteuerung berührt, so der Bundesrechnungshof. Das Bundesfinanzministerium hat aber beiden Vorschlägen eine deutliche Absage erteilt. Eine Abgeltungssteuer verstieße gegen die Besteuerung nach Leistungsfähigkeit, ein Kontrollmitteilungsverfahren würde zu einem erheblichen Verwaltungsaufwand führen. Auch fürchte man eine Kapitalflucht ins Ausland. (7), (8)

Fakt ist, nur eine Minderheit gibt

Spekulationsgewinne in der Einkommensteuererklärung an. Die Deutsche Steuer-Gewerkschaft schätzt, dass 95 % aller Spekulationsgewinne nicht gemeldet werden und dem Fiskus dadurch jährlich 1,5 bis 2 Milliarden Euro an Steuereinnahmen entgehen. (9)

Zur Verhandlung kam Mitte Juli beim Bundesfinanzhof deshalb die Klage des emeritierten Steuerrechtsprofessors Klaus Tipke, der die Vollzugspraxis der Finanzverwaltung für verfassungswidrig hält. Der Bundesfinanzhof hat zwischenzeitlich das Bundesfinanzministerium zum Beitritt zu diesem Rechtsstreit aufgefordert und der Aufforderung einige Fragen beigefügt, die klären sollen, welche Möglichkeiten die Finanzämter zum Aufspüren von Spekulationsgewinnen hatten und haben. Auch der Bundesfinanzhof sieht in seinem Urteil durch die Behördenpraxis das Grundgesetz verletzt und hat nun das Bundesverfassungsgericht angerufen. (10), (11), (27)

Banken müssen Auskunft geben

Andererseits hat der Bundesfinanzhof im Mai geurteilt, dass Banken Sammelauskunftsersuchen von Finanzämtern, die auf konkreten Hinweisen basieren, nachkommen müssen (VII B 152/01). Im konkreten Fall hatten Steuerfahnder umfassende Informationen über fast 2000 Kunden einer niedersächsischen Sparkasse eingezogen. Die Kunden hatten zwischen Mai 1998 und Dezember 1999 Neuemissionen des Neuen Marktes ge- und wieder verkauft. Von den 2329 Wertpapierverkäufen bei dieser Sparkasse wurden 1998 mindestens 80 %, 1999 mindestens 68 % innerhalb der Spekulationsfrist getätigt, bei den zuständigen Finanzämtern deklarierten 1998 allerdings von allen 150.000 Steuerpflichtigen nur 257, 1999 nur 325 Steuerpflichtige Spekulationsgewinne. Diese Tatsachen reichten den Münchner Richtern zum "begründeten Verdacht", sie ließen das Sammelauskunftsersuchen zu. Der BFH betonte aber ausdrücklich, dass dies keinesweg als Freibrief für "Rasterfahndungen" oder "Ermittlungen ins Blaue" gewertet werden könne. (12), (13)

Mit dem Urteil gibt der Bundesfinanzhof den Steuerfahndern aber ein Mittel in die Hand, den Fiskus im Nachhinein noch an den hohen Gewinnen der Börsenhausse der vergangenen Jahre zu beteiligen - Steuerhinterziehung verjährt erst nach 10 Jahren. Es kann sich deshalb niemand darauf verlassen, dass Gewinne, die vor drei, vier Jahren erzielt wurden, vor den Steuerbehörden sicher sind.

Veräußerungsgewinne von Kapitalgesellschaften

Seit in Deutschland der Wahlkampf begonnen hat, ist auch die Steuerbefreiung von Veräußerungsgewinnen von Kapitalgesellschaften wieder in der Diskussion. Das gerade erst in Kraft gesetzte Privileg deutscher Körperschaften wird von der CDU/CSU massiv kritisiert, mit einer Wiederabschaffung im Falle eines Wahlerfolges wird gedroht. (2)

Dabei ist die Steuerbefreiung von Veräußerungsgewinnen Teil der Umstellung vom Anrechnungsverfahren zur Definitivbesteuerung und soll Doppelbesteuerungen vermeiden. Der Gewinn wird seit 2001 bei einer Kapitalgesellschaft definitiv besteuert, d. h. Gewinne unterliegen der Körperschaftssteuer in dem Unternehmen, in dem sie entstehen. Der Aktieneigner kann nicht mehr vom Unternehmen gezahlte Körperschaftssteuern auf seine Steuerlast anrechnen, sondern versteuert als Ausgleich nur noch die Hälfte seiner Dividende. Auch innerhalb von Konzernen soll es nicht mehr zu Doppelbesteuerungen kommen, wenn Gewinne in einer Unternehmenskette im Konzern "durchgeschüttet" werden. Erst beim Aktionär am Ende der Kette fällt die Steuerpflicht wieder an. Dabei soll die Gesamtsteuer auf den Gewinn, die damit je zur Hälfte vom Unternehmen als Körperschaftssteuer und zur Hälfte vom Aktionär als Einkommensteuer getragen wird, dem Steuerbelastungsniveau anderer Einkunftsarten in etwa entsprechen. Genau so verhält es sich mit der Besteuerung von Veräußerungsgewinnen. (2), (17)

Die Aktienmärkte haben diese Regelung der rot-grünen Bundesregierung begrüßt, weil sich Firmen nun leichter von solchen Beteiligungen trennen können, die nicht zu ihrem Kerngeschäft gehören. Früher wurde auf Verkäufe von Teilbereichen oft verzichtet, weil sie wegen der fälligen Besteuerung kaum Erlöse gebracht hätten. Durch die Steuerbefreiung soll die Wettbewerbsfähigkeit der Firmen gestärkt, die Entflechtung der unter dem Begriff "Deutschland AG" bekannt gewordenen Überkreuzbeteiligungen deutscher Firmen erleichtert werden. Außerdem erhofft man sich dadurch Anreize für ausländische Investoren. (18), (19), (20)

In der Kritik ist diese Regelung vor allem deshalb, weil dadurch angeblich Personengesellschaften benachteiligt würden. Ob und in wieweit das tatsächlich der Fall ist, ist selbst zwischen den Steuerexperten umstritten. Ob die Steuerfreiheit von Veräußerungsgewinnen von einer möglichen Unions-Regierung nach den Wahlen tatsächlich wieder abgeschafft wird, ist deshalb sehr fraglich. (2), (21),

(22)

Veräußerungsgewinne von Personengesellschaften

Wenn Personengesellschaften durch Verkäufe von Firmenanteilen Veräußerungsgewinne erzielen, unterliegen diese Gewinne der Besteuerung nach dem Halbeinkünfteverfahren. Allerdings kann jeder Gesellschafter bis zu 500.000 Euro aus diesem Gewinn steuerfrei in eine Reinvestitionsrücklage stellen. Dieser Betrag muss aber innerhalb von 2 Jahren entweder in bewegliche Investitionsgüter oder Kapitalbeteiligungen, oder innerhalb von 4 Jahren in Gebäude investiert werden. Zu versteuernde Veräußerungsgewinne von Personengesellschaften unterliegen außerdem der Gewerbesteuer. (2), (3), (21), (23)

Rein rechnerisch scheinen Personengesellschaften durch die unterschiedliche Behandlung steuerlich benachteiligt zu sein. Man muss allerdings berücksichtigen, dass Personengesellschaften dafür durch andere Regeln wie z. B. bei der Erbschaftssteuer Vorteile haben, die das Ungleichgewicht wieder aufheben. Wenn Kapitalgesellschaften wirklich pauschal besser gestellt wären als Personengesellschaften, müsste es einen Trend zur Umwandlung von Personen- zu Kapitalgesellschaften geben. Davon ist aber bis jetzt noch nichts zu erkennen. (24)

Fallbeispiele

Das Sozialgericht Münster hat kürzlich entschieden, dass Spekulationsgewinne auch zur Bemessung der Beiträge zur Krankenkasse bei freiwillig Versicherten herangezogen werden können. Damit werden Spekulationsgewinne als normale Einkünfte gewertet. (14)

Derzeit versuchen immer mehr Steuerpflichtige den Grundsatz zu umgehen, dass Spekulationsverluste grundsätzlich nur mit Spekulationsgewinnen verrechnet werden können. Als Ausweg deklarieren sie sich selbst zum Wertpapierhändler, der Verluste aus seinen Spekulationsgeschäften von allen Gewinnarten steuerlich abziehen kann. Aber Vorsicht: die Finanzämter gehen von strengen Tatbeständen aus, die erfüllt werden müssen, um den Handelnden als professionellen Wertpapierhändler zu qualifizieren. Nur wenn alle diese Voraussetzungen erfüllt sind, kann die "volle Verrechenbarkeit" für Gewerbetreibende angesetzt werden. (15), (16)

Die Steuerfreistellung von Veräußerungsgewinnen wird vor allem von Banken und Versicherungen begrüßt. Kein Wunder - in beiden Branchen gehört das Kaufen und Verkaufen von Unternehmensanteilen zum täglichen Brot. So wurden z. B. die Ergebnisse der Deutschen Bank und der Allianz des ersten Quartals 2002 durch Gewinne aus Beteiligungsverkäufen überaus positiv beeinflusst. (25), (26)

Weiterführende Literatur

(1) Wirbel um Steuerpraxis bei Spekulationsgewinnen
aus Frankfurter Allgemeine Zeitung, 26.04.2002, Nr. 97, S. 15

(2) Faltlhauser, Kurt, Forum: Die Steuerfreiheit von Veräußerungserlösen sollte aufgehoben werden - Ein schwer erträgliches Steuergeschenk für die Konzerne, Süddeutsche Zeitung vom 08.05.2002, S. 26
aus Frankfurter Allgemeine Zeitung, 26.04.2002, Nr. 97, S. 15

(3) UntStFG - StÄndG 2001 - StVBG
aus Aktuelles Steuerrecht, 1/2002, S. 1ff

(4) Spekulanten im Visier

aus Frankfurter Allgemeine Zeitung, 18.04.2002, Nr. 90, S. 13

(5) Weidner, Simone, Vieles ist komplizierter - Steuersenkungsgesetz (1), taz vom 04.03.2002, S. 9
aus Frankfurter Allgemeine Zeitung, 18.04.2002, Nr. 90, S. 13

(6) Mahnke, Claudia, Viele Spekulationsgewinne bleiben unversteuert, Bonner General-Anzeiger vom 26.04.2002, S. 23
aus Frankfurter Allgemeine Zeitung, 18.04.2002, Nr. 90, S. 13

(7) Koch, Wolfgang, Spekulationsgewinne mangelhaft besteuert, STZ, Stuttgarter Zeitung vom 26.04.2002
aus Frankfurter Allgemeine Zeitung, 18.04.2002, Nr. 90, S. 13

(8) Spekulationsgewinne im Visier Rechnungshof dringt auf effektivere Besteuerungspraxis
aus Frankfurter Rundschau v. 26.04.2002, S.9, Ausgabe: R Region

(9) Antonoff, Alexander, Bundesfinanzhof billigt breit angelegte Fahndung nach Spekulationsgewinnen, Die Welt, Jg. 52, vom 11.05.2002, Nr. 108, S. 17
aus Frankfurter Rundschau v. 26.04.2002, S.9, Ausgabe: R Region

(10) Spekulationssteuer vor Gericht
aus Frankfurter Allgemeine Zeitung, 18.04.2002, Nr. 90,

S. 13

(11) Kuhr, Daniela, Zweifel an Spekulationssteuer, Süddeutsche Zeitung, SZ vom 18.04.2002, S. 19
aus Frankfurter Allgemeine Zeitung, 18.04.2002, Nr. 90, S. 13

(12) Großrazzia gegen Steuerhinterzieher rechtens Sparkasse verliert vor dem Bundesfinanzhof · Ermittler fahndeten nach unversteuerten Spekulationsgewinnen · 2000 Kunden betroffen
aus FTD Financial Times Deutschland vom 10.05.2002, Seite 13

(13) Geiger, Stefan, Spekulanten müssen sich in Acht nehmen, STZ, Stuttgarter Zeitung vom 11.05.2002
aus FTD Financial Times Deutschland vom 10.05.2002, Seite 13

(14) Aktiengewinne als Einkommen gewertet, STZ, Stuttgarter Zeitung vom 06.04.2002
aus FTD Financial Times Deutschland vom 10.05.2002, Seite 13

(15) Die Verwandlung vom Anleger zum Gewerbetreibenden ist steuerlich lukrativ Wer Spekulationsverluste gegen Einkünfte verrechnen will, muss als Profi gelten - Kriterien sehr streng
aus Börsen-Zeitung, 11.05.2002, Nummer 89, Seite 5

(16) Bilsdorfer, Peter, Nur Wertpapierhändler können Verluste verrechnen, Welt am Sonntag, Jg. 53 vom

19.05.2002, Nr. 20, S. 51
aus Börsen-Zeitung, 11.05.2002, Nummer 89, Seite 5

(17) Verwirrspiel um Steuern
aus Börsen-Zeitung, 20.04.2002, Nummer 76, Seite 8

(18) Die Wirtschaft hadert mit Stoiber, Bonner General-Anzeiger vom 06.05.2002, S. 2
aus Börsen-Zeitung, 20.04.2002, Nummer 76, Seite 8

(19) Sturm, Norbert, Hilmar Kopper kritisiert Steuerpläne der Union, Süddeutsche Zeitung SZ vom 18.04.2002, S. 19
aus Börsen-Zeitung, 20.04.2002, Nummer 76, Seite 8

(20) Steuerreform lockt Ausländer an
aus Frankfurter Allgemeine Zeitung, 04.02.2002, Nr. 29, S. 25

(21) Ritter Wolfgang, Steuerlicher Fortschritt ist kein Geschenk, Süddeutsche Zeitung, SZ vom 21.05.2002, S. 28
aus Frankfurter Allgemeine Zeitung, 04.02.2002, Nr. 29, S. 25

(22) Die eigenen Minister widersprechen Stoiber
Huber und Faltlhauser beruhigen die Wirtschaft: Steuerfreiheit für Veräußerungsgewinne würde nach Regierungswechsel bleiben
aus FTD Financial Times Deutschland vom 19.04.2002, Seite 11

(23) Stichwort: Neuregelungen 2002
aus Lebensmittel Zeitung 01 vom 04.01.2002 Seite 016

(24) Die Finger verbrannt Warum die Union die Debatte um steuerfreie Verkäufe von Unternehmensbeteiligungen neu entfacht - und sich dabei im Abgabendickicht verheddert
aus FTD Financial Times Deutschland vom 26.04.2002, Seite 36

(25) Beteiligungsverkäufe und Sparerfolge führen zu schwarzen Zahlen Deutsche Bank erreicht im ersten Quartal Milliardengewinn nach Verlust Ende 2001 - Münchener-Rück- und Allianz-Anteile veräußert - Aktie verliert
aus Börsen-Zeitung, 30.04.2002, Nummer 82, Seite 18

(26) Allianz verdient prächtig an Verkäufen Dresdner Bank macht dagegen wieder Verlust · Erholung im Sachgeschäft geht weiter
aus FTD Financial Times Deutschland vom 17.05.2002, Seite 20

(27) Steuerrichter halten Spekulationssteuer für verfassungswidrig
aus Frankfurter Allgemeine Zeitung, 19.07.2002, Nr. 165, S. 11

Impressum

Veräußerungsgewinne

Bibliografische Information der deutschen Nationalbibliothek

Die Deutsche Nationalbibliothek verzeichnet diese Publikation in der deutschen Nationalbibliografie; detaillierte bibliografische Daten sind im Internet über http://dnb.d-nb.de abrufbar.

ISBN: 978-3-7379-1162-7

© 2015 GBI-Genios Deutsche Wirtschaftsdatenbank GmbH, Freischützstraße 96, 81927 München, www.genios.de

Alle Rechte vorbehalten. Dieses Werk ist einschließlich aller seiner Teile – z.B. Texte, Tabellen und Grafiken - urheberrechtlich geschützt. Jede Verwertung außerhalb der Grenzen des Urheberrechtsgesetzes bedarf der vorherigen Zustimmung des Verlags. Dies gilt insbesondere auch für auszugsweise Nachdrucke, fotomechanische Vervielfältigungen (Fotokopie/Mikroskopie), Übersetzungen, Auswertungen durch Datenbanken oder ähnliche Einrichtungen und die Einspeicherung und Verarbeitung in elektronischen Systemen.